BOEKANALYSE

Het huis met de geesten

Isabel Allende

BOEKANALYSE

Geschreven door Natalia Torres Behar
Vertaald door Nikki Claes

Het huis met de geesten

Isabel Allende

ISABEL ALLENDE ... 5
Chileens-Amerikaanse schrijver ... 5

HET HUIS MET DE GEESTEN ... 7
Familiegeschiedenis door de lens van magisch realisme ... 7

SAMENVATTING ... 10
Eerste generatie ... 10
Tweede generatie ... 12
Derde generatie ... 13

KARAKTERSTUDIE ... 15
Esteban Trueba ... 15
Clara Trueba del Valle ... 15
Rosa del Valle, "the Beautiful" ... 16
Férula Trueba ... 17
Blanca Trueba ... 17
Jaime Trueba ... 18
Nicolás Trueba ... 19
Alba Trueba ... 20
Graaf Jean de Satigny ... 20
Pedro García ... 21
Pedro Segundo García ... 22
Pedro Tercero García ... 22
Pancha García ... 23
Esteban García ... 23
Amanda ... 24
Miguel ... 25
Tránsito Soto ... 25

ANALYSE ... 27
Formulier ... 27
Thema's ... 30

VERDERE REFLECTIE ... 38
Enkele vragen om over na te denken… ... 38

VERDER LEZEN ... 40
Referentie-uitgave ... 40
Referentiestudies ... 40
Aanpassingen ... 40

ISABEL ALLENDE

CHILEENS-AMERIKAANSE SCHRIJVER

- **Geboren in Lima (Peru) in 1942.**
- **Opmerkelijke onderscheidingen:**
  - Lid van de American Academy of Arts and Letters
- **Opmerkelijke werken:**
  - *Of Love and Shadows* (1984), roman
  - *Paula* (1994), memoir
  - *Stad van de Beesten* (2002), roman
  - *Koninkrijk van de Gouden Draak* (2003), roman
  - *Bos van de Pygmeeën* (2004), roman

Isabel Allende werd in 1942 in Lima geboren terwijl haar vader, Tomás Allende Pesse, op de Chileense ambassade in Peru werkte, en de toekomstige schrijfster bracht er de eerste jaren van haar leven door. Maar toen haar ouders in 1946 scheidden, nam haar moeder haar en haar twee jongere broers mee terug naar Chili. Allende woonde daar tot 1953 en verbleef daarna enige tijd in Bolivia en Libanon voordat ze in 1959 terugkeerde naar Chili, waarna ze trouwde met haar eerste man Miguel Frías en met hem twee kinderen kreeg.

Allende werkte verscheidene jaren als journaliste voor verschillende kranten en tijdschriften, zowel in Chili als in het buitenland, en deze ervaring komt tot uiting in de onderzoeksdrang van verschillende van haar romans, waaronder *Het huis met de geesten* (1982). In deze periode probeerde ze ook kinderfictie en toneelstukken te schrijven. De militaire staatsgreep van september 1973, waarbij president Salvador Allende (1908-1973) werd omvergeworpen en vermoord, liet Allende en haar familie echter geen andere keuze dan in 1975 het land te ontvluchten vanwege hun politieke en familiale banden met de vorige regering (Salvador Allende was de volle neef van haar vader). Ze woonde de volgende 13 jaar in Venezuela en schreef daar haar eerste roman. Tegenwoordig is ze de commercieel meest succesvolle levende Spaanstalige auteur ter wereld: van haar boeken zijn meer dan 65 miljoen exemplaren verkocht en ze zijn vertaald in meer dan 30 talen.

Het thema van de ballingschap dringt subtiel door in *Het huis met de geesten*, hoewel het zelden ronduit wordt genoemd. De algemene toon van de roman is gekleurd door nostalgie, en Allende's fysieke afstand tot Chili lijkt haar in staat te stellen de geschiedenis van het land dat zij moest ontvluchten met uitzonderlijke helderheid te reconstrueren. De roman, die is opgedragen aan Allende's dochter, is tegelijkertijd een soort memoires en een verslag van de geschiedenis van zowel Chili als van de andere landen in Latijns-Amerika.

Het huis met de geesten blijft een van Allende's bekendste werken, samen met *Of Love and Shadows* (1984), *Paula* (1994), en haar trilogie van kinderromans: *Stad van de Beesten* (2002), *Koninkrijk van de Gouden Draak* (2003) en *Bos van de Pygmeeën* (2004).

HET HUIS MET DE GEESTEN

FAMILIEGESCHIEDENIS DOOR DE LENS VAN MAGISCH REALISME

- **Genre:** roman
- **Referentie-uitgave:** Allende, I. (1986) *The House of the Spirits*. Bogin, M. Londen: Black Swan.
- **1ᵉ editie:** 1982
- **Thema's:** politiek, familie, waardesystemen, liefde, dood, feminisme

Het huis met de geesten was het romandebuut van Isabel Allende en werd gemengd ontvangen: hoewel het een enorm commercieel succes was en meteen een bestseller werd, werd het door literaire critici en critici bijna unaniem bekritiseerd. Belangrijke figuren uit de Latijns-Amerikaanse literaire wereld hebben Allende meer dan eens afgedaan als een schrijver van weinig belang, waaronder Roberto Bolaño (Chileense schrijver, 1953-2003), en ze is negatief vergeleken met andere schrijvers zoals Gabriel García Márquez (1927-2014). Natuurlijk moet worden opgemerkt dat het overgrote deel van deze kritiek afkomstig was van mannen, wier dominantie in de Latijns-Amerikaanse literatuur nooit eerder door vrouwelijke auteurs was betwist.

Het huis met de geesten vertelt het verhaal van vier opeenvolgende generaties van de familie Trueba-del Valle, te beginnen met het huwelijk van Esteban Trueba en Clara del Valle, die beiden afkomstig zijn uit aristocratische families. Deze familiegeschiedenis verbergt echter in veel opzichten een dieper onderliggend verhaal: de geschiedenis van het land zelf. Het dient ook als een gelegenheid om universele thema's als familie, conflicten tussen generaties, morele waarden, liefde en feminisme te onderzoeken.

Een van de belangrijkste kwaliteiten van romans als *Het huis met de geesten* is de manier waarop zij getuigen van het contrast tussen de algemene vraag naar vooruitgang en grotere politieke transparantie in Chili – en in de rest van Latijns-Amerika – en de meedogenloze, onverbiddelijke rechtse facties die vastbesloten zijn alles te doen wat in hun macht ligt om dit te verhinderen.

VAN PAGINA NAAR SCHERM

In 1993 werd de roman bewerkt tot een film onder regie van Bille August (Deense regisseur, geboren in 1948), met een scenario geschreven door Allende zelf. De sterrencast bestaat uit bekende gezichten als Winona Ryder, Meryl Streep, Jeremy Irons, Glenn Close en Antonio Banderas. Aangezien de film gebaseerd is op een lijvige roman die een extreem lange periode bestrijkt, werd de film bekritiseerd om zijn trage tempo, hoewel de opeenvolging van gebeurtenissen veel sneller verloopt dan in de geschreven versie.

Door het enorme wereldwijde succes van de roman werd hij uiteindelijk ook bewerkt voor andere media, waaronder het theater. *Het huis met de geesten* was gebaseerd op een ongepubliceerd toneelstuk dat Allende eerder had geschreven. Een van de best ontvangen theaterbewerkingen van de roman werd geschreven door Caridad Svich (Amerikaanse toneelschrijfster en redactrice, geboren in 1963), die voor haar werk een aantal prestigieuze prijzen heeft gewonnen.

SAMENVATTING

Voor deze samenvatting hebben wij de gebeurtenissen in de roman in drie delen verdeeld, die overeenkomen met de opeenvolgende generaties van de families Trueba-del Valle en García.

EERSTE GENERATIE

De roman begint op dezelfde manier als hij eindigt: met een regel uit het dagboek van Clara, de jongste dochter van de familie del Valle. De regel luidt: "Barrabás kwam naar ons toe over zee" (p. 11). Dit deel van de roman vertelt het verhaal van Barrabás, de hond van Clara, die door de familie wordt opgenomen na een pijnlijke gebeurtenis waarbij de familie del Valle wordt gedwongen de kerk te verlaten tijdens de zondagsmis.

Deze anekdote geeft een introductie tot de narratief belangrijkste leden van de familie del Valle: Severo, de vader, die vrijmetselaar, advocaat en atheïst is, maar toch naar de mis gaat omdat hij politieke aspiraties heeft als lid van de Liberale Partij en het daarom als een publieke plicht ziet; Nívea, de moeder, die een liefhebbende, gelovige vrouw is, hoewel ze de reactionaire leer van haar kerk verafschuwt en haar tijd besteedt aan de zorg voor haar kinderen en het campagne voeren voor het vrouwenkiesrecht; Rosa, hun oudste dochter, die bekend staat als "de Mooie" vanwege haar etherische uiterlijk en verloofd is met de jonge Esteban Trueba; en Clara, een rustig, onschuldig meisje dat haar kinderlijke geest tot op hoge leeftijd behoudt en alles wat er in haar leven gebeurt bijhoudt in een reeks dagboeken en notitieboekjes. Clara heeft ook bovennatuurlijke krachten: ze is helderziend, kan voorwerpen verplaatsen met haar geest en communiceren met geesten. Een van haar eerste visioenen geeft aan dat een lid van haar familie per ongeluk zal sterven, en kort daarna sterft haar zus Rosa na het drinken van gif dat voor haar vader bedoeld was. Nadat deze voorspelling is uitgekomen, besluit Clara de komende negen jaar niet meer te spreken.

Esteban Trueba, de verloofde van Rosa, gaat in een mijn werken met als doel snel rijk te worden zodat hij kan trouwen met de vrouw van wie hij houdt. Na de dood van zijn verloofde sluit hij zich op in Tres Marías, de haciënda van zijn familie, die door de verkwistende uitgaven van zijn alcoholische vader in verval is geraakt. In Tres Marías ontmoet hij Pedro García, die zijn leven redt; Pedro Segundo García, de woordvoerder van de pachter die hun leven lang op de boerderij werken; en Pancha García, de zus van Pedro Segundo, die hij verkracht en als maîtresse houdt totdat zij een buitenechtelijke zoon bij hem verwekt. Tijdens zijn verblijf in Tres Marías na Rosa's dood, wordt Estebans persoonlijkheid geleidelijk bepaald door zijn woede, die regelmatig tot uitbarstingen komt waarbij hij alles breekt wat hij te pakken kan krijgen, vloekt als een zeeman en de mensen aanvalt van wie hij het meest houdt. Uiteindelijk keert Esteban terug naar de stad om bij zijn moeder, Ester Trueba, op haar sterfbed te zijn. Zijn zus Férula, een uiterst vrome vrijster met de toewijding van een heilige, heeft Ester tijdens haar ziekte verzorgd. Voordat Ester sterft, belooft Esteban haar dat hij zal trouwen en kinderen zal krijgen aan wie hij de familienaam kan doorgeven, en daarom gaat hij naar het huis del Valle en doet Clara een aanzoek.

TWEEDE GENERATIE

Esteban verdient een aanzienlijk fortuin en wordt een bekende oligarch, en dit stelt hem in staat een groots herenhuis in de stad te bouwen, dat door iedereen "het grote huis op de hoek" wordt genoemd (p. 115). Dit huis is een magische plek en herbergt een aantal geesten waarmee Clara voortdurend communiceert. Esteban en Clara Trueba hebben samen drie kinderen: hun oudste kind en enige dochter, Blanca, is een mooie vrouw die hopeloos verliefd wordt op Pedro Segundo's zoon, Pedro Tercero García, een knappe, gulle, muzikale jongeman met communistische idealen en een rebelse geest die haar gevoelens teruggeeft. Uiteindelijk wordt hij echter van de haciënda verbannen vanwege zijn idealen en omdat hij in opstand is gekomen tegen zijn werkgever, die ook Blanca's vader is.

De andere twee kinderen Trueba zijn Jaime en Nicolás, een tweeling van hetzelfde geslacht. Jaime is socialistisch ingesteld en besluit dokter te worden, zodat hij zijn leven kan wijden aan het helpen van armen en behoeftigen, en is zo toegewijd zijn werk dat hij de behoeftigen vaak de kleren van zijn eigen rug geeft. Nicolás is zijn tegenpool: hij is een charmante hark die de smaak voor magie en het paranormale van zijn moeder erft, maar niet haar gaven, en die uiteindelijk zijn leven wijdt aan pogingen om nirvana en spirituele zuiverheid te vinden met behulp van de methoden die hij leert tijdens reizen naar het Verre Oosten. Op een dag gooit Esteban Nicolás het huis uit tijdens een van zijn woedeaanvallen, en hij brengt de rest van zijn leven door in de Verenigde Staten. De twee broers delen ook meer dan bloed: ze worden allebei verliefd op Amanda, die Nicolás' geliefde en Jaime's obsessie wordt.

DERDE GENERATIE

Blanca krijgt uiteindelijk een buitenechtelijke dochter, Alba de Satigny Trueba, met Pedro Tercero. Haar vader is echter geschokt door de gedachte een buitenechtelijk kind in de familie te hebben, en hij dwingt haar te trouwen met een Franse graaf genaamd Jean de Satigny, hoewel ze al snel uit elkaar gaan. Ironisch genoeg is Alba de enige in de familie met wie Esteban een hechte, stabiele relatie heeft.

Estebans opvliegendheid en reactionaire politieke opvattingen veroorzaken voortdurend ruzie tussen hem en de rest van de familie. Dit interne conflict in de familie Trueba weerspiegelt het conflict dat tegelijkertijd het hele land overspoelt: de strijd tussen de vastberadenheid van rechts om aan de macht te blijven en de mogelijkheid van een linkse regering. Deze spanning vergiftigt uiteindelijk de relatie tussen Esteban en Clara, die volledig uit elkaar valt nadat hij haar zo hard heeft geslagen dat hij haar tanden breekt. Wanneer Clara sterft, rouwt het grootste deel van haar familie diep, terwijl Esteban zich overgeeft aan een uitzonderlijk gewelddadige en destructieve driftbui. Haar geest blijft echter na haar dood in het huis hangen.

Tijdens Alba's studietijd wordt een socialistische president gekozen. Iedereen in de familie is opgetogen en begint feest te vieren – behalve Esteban, die nu senator is en in het geheim samenspant om de financiën van de regering te saboteren.

Rond dezelfde tijd ontmoet Alba Miguel, de jongere broer van haar oom Nicolás' geliefde Amanda. Hij is een jonge student en een revolutionaire communist wiens ideeën veel radicaler zijn dan die van haar oom Jaime of haar vader Pedro Tercero. Alba en Miguel worden hopeloos verliefd, en hun romance duurt voort, zelfs nadat de machinaties van Esteban en zijn politieke medewerkers tot een militaire staatsgreep leiden.

Dit moment is de katalysator voor een aantal gebeurtenissen: Jaime wordt gedood als gevolg van Esteban's acties; Blanca wordt verbannen en ontvlucht het land met Pedro Tercero, de liefde van haar leven; Esteban's geestelijke gezondheid begint te verslechteren en hij realiseert zich uiteindelijk dat hij verkeerd was om een staatsgreep te plegen; En het ergste is dat Alba wordt gearresteerd, verkracht en gemarteld door Esteban García, de zoon van het buitenechtelijke kind dat werd verwekt toen Esteban Trueba Pancha García verkrachtte, waardoor hij Esteban Trueba's kleinzoon is. Hij groeit op in armoede en haat zijn grootvader en zijn familie. Esteban Trueba is diep bedroefd als hij hoort dat Alba gevangen is genomen en beseft dat hij alleen zichzelf de schuld kan geven. Alba wordt uiteindelijk gered dankzij Tránsito Soto, een voormalige prostituee die zakenvrouw is geworden met macht en connecties binnen de militaire dictatuur en die Esteban een gunst schuldig is. De roman eindigt nadat Alba is bevrijd en is teruggekeerd naar het huis van haar grootvader. Ze is nu zwanger, hoewel ze niet weet of het kind het product is van verkrachting of van haar romance met Miguel. Ze besluit de dagboeken van haar grootmoeder terug te halen en begint het verhaal te schrijven dat uiteindelijk de roman wordt.

KARAKTERSTUDIE

ESTEBAN TRUEBA

Esteban is de patriarch van de familie Trueba. Hij is geboren in een aristocratische familie die door het alcoholisme van zijn vader in ongenade is gevallen en financieel geruïneerd. Hij is knap noch lelijk, en is in zijn jeugd extreem lang en slank. Door de armoede in zijn jeugd en het sterke schuldgevoel dat hem door de vroomheid van zijn zus is ingeprent, is hij onstuimig, koppig, onverzettelijk en koppig van aard, en zijn persoonlijkheid wordt gekenmerkt door zijn veelvuldige uitbarstingen van woede, waarbij hij de neiging heeft zijn verstand volledig te verliezen.

Zijn harde werk en zijn neiging om iedereen te commanderen zijn de bron van zowel zijn rijkdom als zijn reactionaire, anticommunistische ideologie, die hem voortdurend in conflict brengt met de rest van zijn familie en met veel van zijn huurders, die vrijdenkender en linkser zijn.

CLARA TRUEBA DEL VALLE

Clara is de jongste dochter van Severo en Nívea del Valle. Ze is geboren in een rijke aristocratische familie en heeft meerdere broers en zussen, hoewel het verhaal zich alleen richt op Rosa. Ze is niet bijzonder mooi, maar ook niet onaantrekkelijk. Haar serene, betoverende persoonlijkheid verzacht geleidelijk het harde hart van haar man Esteban. Ze is ijverig en empathisch, en geeft om anderen, ongeacht of ze bloedverwant is of niet. Ze helpt de armen en behoeftigen wanneer ze maar kan, een gewoonte die ze van haar moeder heeft geërfd en die ze doorgeeft aan haar eigen kinderen. Ze lijdt ook aan selectief mutisme en spreekt soms jaren niet. Sommige van haar nakomelingen, zoals Jaime, erven ook haar neiging tot zwijgen.

Maar het belangrijkste aspect van Clara's persoonlijkheid zijn ongetwijfeld haar bovennatuurlijke krachten. Zij kan sterfgevallen, huwelijken, natuurrampen en zelfs de militaire staatsgreep en de daaropvolgende dictatuur voorspellen. Uiteindelijk is het haar gewoonte om het leven van de familie Trueba schriftelijk vast te leggen in een reeks dagboeken en notitieboekjes die het mogelijk maken het verhaal te reconstrueren.

ROSA DEL VALLE, "THE BEAUTIFUL"

Rosa is de oudste dochter van Severo en Nívea del Valle. Ze heeft natuurlijk groen haar en heeft de bijnaam "de Schone" vanwege haar etherische schoonheid, en ze wordt voortdurend met een engel of een zeemeermin. In feite is ze zo mooi dat de mensen om haar heen ervan overtuigd zijn dat ze niet van deze wereld is, waardoor ze zich los van de werkelijkheid voelt, en als gevolg daarvan naait ze obsessief. Op haar borduurwerk staan vreemde, aan haar eigen fantasie ontleende dieren, meestal hybride, bijna mythologische soorten, en haar nichtje Blanca ontwikkelt jaren later een soortgelijke gewoonte met aardewerk. Rosa sterft na het drinken van vergiftigde drank die bedoeld was voor haar vader, die een politieke campagne aan het voeren was.

FÉRULA TRUEBA

Férula is de oudere zus van Esteban. Ze is vroom religieus en haar toewijding en zelfopofferende neigingen grenzen aan heiligheid. Nadat ze de helft van haar leven heeft gewijd aan de zorg voor haar zieke moeder en de opvoeding van haar jongere broer, blijft ze na de dood van haar moeder aan haar lot over totdat Clara besluit haar in huis te nemen. Férula wordt verliefd op haar schoonzus en besluit de rest van haar leven voor haar te zorgen.

Férula woont samen met haar broer en schoonzus totdat haar gevoelens voor Clara uitmonden in een heftige, jaloerse ruzie met Esteban, die haar het huis uit gooit. Voordat ze vertrekt, vervloekt ze Esteban met de woorden: "Je zult altijd alleen zijn! Je lichaam en ziel zullen verschrompelen en je zult sterven als een hond!" (p. 158). Deze vloek komt tot op zekere hoogte uit, want de patriarch van de Trueba wordt in de loop der jaren steeds kleiner. Nadat ze abrupt uit haar huis is gezet, sterft Férula alleen in een verarmde wijk, met niets anders dan haar geloof en haar verdriet.

BLANCA TRUEBA

Blanca is het oudste kind van Esteban en Clara Trueba. Zij is een mooie vrouw met een relatief donkere huidskleur, een product van Estebans Moorse afkomst. Ze heeft een wisselvallige relatie met haar vader en wordt op jonge leeftijd verliefd op Pedro Tercero, de zoon van de voorman van Tres Marías en een van haar vaders bedienden. Haar hele leven draait om deze verboden liefde en ze doet vaak alsof ze ziek is, zodat ze van school kan spijbelen en lange tijd op de hacienda kan "herstellen". Door die jaren van doen alsof ze echter extreme hypochondrie.

Als haar vader uiteindelijk achter hun romance komt, geeft hij Blanca een paar zweepslagen en zweert dat hij haar minnaar zal vermoorden, wat de relatie tussen Blanca en haar vader en tussen Esteban en Clara verwoest. Wanneer Esteban beseft dat zij zwanger is, dwingt hij haar te trouwen met een Franse graaf en naar het noorden van het land te verhuizen. Hoewel het huwelijk niet lang duurt, vergeeft Blanca haar vader nooit dat hij haar gedwongen heeft. Als volwassene zorgt ze voor haar dochter Alba en maakt ze kerststallen, voordat ze uiteindelijk naar Canada vlucht als de dictatuur aan de macht komt. Daar brengt ze de laatste jaren van haar leven door, eindelijk verenigd met de man van wie ze altijd heeft gehouden.

JAIME TRUEBA

Jaime is één van Blanca's twee jongere broers. Hoewel hij en Nicolás een tweeling zijn, lijken ze nauwelijks op elkaar en zijn ze niet hecht. Jaime is groot en stevig, en heeft duidelijk stoppels, zelfs als hij zich twee keer per dag scheert. Hij is een zachte reus: Hij is een serieuze, gevoelige man die zich volledig toelegt op zijn roeping om anderen te helpen. Hij probeert zijn eigen emoties te begraven door te studeren, te werken en mensen in nood te helpen. Hij komt nooit over de eerste liefde van zijn leven heen: Amanda, de minnares van zijn broer.

Door zijn politiek activisme en linkse idealen ontwikkelt hij een nauwe band met Pedro Tercero, de minnaar van zijn zus en de vijand van zijn vader. Hij heeft ook nauwe banden met de socialistische president die voor de staatsgreep aan de macht komt. Jaime wordt gevangen genomen terwijl hij de president probeert te beschermen op de dag van de staatsgreep, en wordt onderworpen aan fysieke, psychologische en geestelijke martelingen voordat hij wordt doodgeschoten.

NICOLÁS TRUEBA

Nicolás is Jaime's tweelingbroer en zijn tegenpool. Hij heeft mooie, knappe trekken, en hoewel hij niet bijzonder lang of gespierd is, is hij uiterst intelligent en opmerkzaam, wat hij voortdurend in zijn voordeel gebruikt. Hij is een flirt en onstuitbaar grillig, en fladdert voortdurend van de ene dwaze onderneming naar de andere (zoals een poging om de Andes over te steken in een heteluchtballon). Hij staat nooit stil bij de gevolgen van zijn daden.

In tegenstelling tot zijn broer, die nuchter is en zich vooral bekommert om de politiek en de realiteit van de tastbare wereld, erft Nicolás de affiniteit van zijn moeder Clara voor spiritualisme en mystiek – maar niet haar bovennatuurlijke talenten, tot zijn grote ergernis. Hij wijdt zijn leven aan reizen en nieuwe dingen leren, wat hem aanzet tot verschillende carrières, van flamenco-instructeur tot spirituele goeroe. Zijn vader gooit hem er na een ruzie uit en hij vertrekt naar de Verenigde Staten, waar hij zich aansluit bij een spirituele academie.

ALBA TRUEBA

Alba is de laatste van de Trueba afstammelingen die in de roman wordt genoemd. Haar volledige naam is Alba de Satigny Trueba vanwege het huwelijk van haar moeder met de graaf de Satingy. Alba ontmoet hem echter nooit, en vele jaren later verneemt ze dat Pedro Tercera haar biologische vader is. Alba heeft hetzelfde groene haar als haar oudtante Rosa "de Schone", maar haar schoonheid is minder opvallend, en ze vindt zichzelf niet mooi totdat ze Miguel ontmoet, die haar voortdurend vertelt hoeveel hij van haar houdt.

Ondanks hun uiteenlopende politieke opvattingen is zij de enige van de familie die een hechte band heeft met Esteban Trueba, en zij houdt hem gezelschap terwijl hij op zijn sterfbed ligt, waardoor de vloek van Férula wordt verbroken. Net als haar oom en haar grootmoeder heeft Alba een groot medelijden met de armen, en wordt ze net als haar moeder hopeloos verliefd. Tijdens de militaire dictatuur wordt ze gemarteld en verkracht omdat ze onderdak biedt aan dissidenten, en aan het eind van de roman ontdekt de lezer dat zij al die tijd de verteller was en de geschiedenis van de familie reconstrueerde door met haar grootvader te praten en de dagboeken te lezen die haar grootmoeder gebruikte om haar leven te beschrijven.

GRAAF JEAN DE SATIGNY

De graaf is een mysterieuze Franse aristocraat die op een dag plotseling aankomt in Tres Marías. Esteban nodigt hem uit als zijn gast, omdat hij gefascineerd is door zijn verfijnde manieren en Europese gewoonten. Hij is nogal opzichtig en besteedt veel tijd aan zijn uiterlijk en aan hobby's die de Truebas vreemd voorkomen, zoals cricket spelen. Hij is degene die de relatie tussen Blanca en Pedro Tercero aan het licht brengt in een poging Blanca's hand voor zichzelf te winnen en zo toegang te krijgen tot het fortuin van haar vader.

Zijn manoeuvre heeft succes, en na het huwelijk verhuizen hij en Blanca naar het noorden. De graaf besluit inheemse bedienden aan te nemen om hem te helpen, zowel in het huis als op zijn expedities naar de woestijn, waar hij mummies opgraaft om ze illegaal te verkopen op de zwarte markt. Blanca beseft uiteindelijk dat hij homo is en dat hij met de bedienden slaapt, en ze vlucht naar de hoofdstad terwijl ze nog zwanger is van Alba. Ze zien elkaar nooit meer terug.

PEDRO GARCÍA

Pedro Primero is de patriarch van de familie García, die op het land van Esteban Trueba woont en voor hem werkt. Hij is vrij oud als Esteban voor het eerst naar de haciënda komt, en zijn zoon wordt daarom beschouwd als de leider van de pachters daar. Pedro Primero is een respectabele man met een schat aan praktische kennis, die de haciënda van de ondergang redt wanneer deze wordt geteisterd door een mierenplaag, en hij redt het leven van Esteban Trueba na een verschrikkelijke aardbeving waarbij Nana omkomt. Net als Nana treedt hij op als de stem van de rede, en hij leert Blanca de kunst van het kleien, wat haar enige troost wordt tijdens haar donkerste uren. Pedro Primero sterft als oude, blinde en dove man, met zijn achterkleinzoon Esteban García aan zijn zijde.

PEDRO SEGUNDO GARCÍA

Pedro Segundo is de leider van de pachters die op Tres Marías werken. Hij is een sterke, hardwerkende man, en wordt uiteindelijk voorman van het landgoed. Hij heeft een diepe afkeer van zijn werkgever, Esteban Trueba, die alleen wordt overtroffen door zijn loyaliteit, zijn niet-confronterende karakter en zijn voorliefde voor Clara Trueba. Hij verdraagt het wispelturige humeur van zijn werkgever tot de dag dat hij Clara slaat en haar tanden breekt. Die dag besluit Pedro Segundo eindelijk Tres Marías te verlaten met de weinige wereldse bezittingen die hij heeft.

PEDRO TERCERO GARCÍA

Pedro Tercero is de zoon van Pedro Segundo. Hij is een revolutionaire communist die marxistische ideeën verspreidt over het hele Trueba-gebied, wat hem voortdurend in conflict brengt met zijn werkgever en uiteindelijk resulteert in zijn verbanning. Hij is hopeloos verliefd op Blanca Trueba, met wie hij een levenslange relatie heeft die resulteert in de geboorte van hun dochter Alba.

Pedro Tercero is niet alleen een revolutionair: hij is ook een muzikant, ondanks de drie vingers die hij verloor toen zijn werkgever hem probeerde te vermoorden nadat hij van zijn relatie met Blanca had gehoord. Zijn muziek lanceert hem tot nationaal sterrendom en hij wordt razend populair bij de luisteraars, hoewel de conservatieve oligarchie hem veracht. Hij dient ook als minister onder de socialistische president voordat hij met Blanca het land ontvlucht. Veel lezers hebben parallellen getrokken tussen zijn personage en het levensverhaal van de Chileense musicus Víctor Jara, die na de militaire staatsgreep van 1973 in het Chileense Stadion werd gemarteld en vermoord.

PANCHA GARCÍA

Pancha García is de dochter van Pedro Primero en sterft op haar oude dag door ziekte. Zij is de eerste vrouw die door haar werkgever, Esteban Trueba, wordt verkracht in de velden van zijn landgoed vóór zijn huwelijk, maar zij is zeker niet de laatste. Esteban houdt haar als zijn minnares totdat zij een buitenechtelijk kind krijgt, dat op zijn beurt een zoon krijgt die Esteban García heet.

Pancha leert haar kleinzoon dat hij de werkgever en zijn familie net zo haat als zij, wetende dat alles wat zij hebben ook van hem zou moeten zijn, en dat de enige reden waarom het hem onthouden is, zijn achternaam is.

ESTEBAN GARCÍA

Pancha's kleinzoon Esteban García is misschien wel een van de meest raadselachtige personages in de roman. Hij wordt slechts sporadisch genoemd, maar er wordt altijd grote nadruk gelegd op het kwaad dat hij de familie Trueba aandoet. Zijn grootmoeder voedt hem op met dezelfde jaloerse haat jegens de familie als zijzelf vanwege zijn onwettigheid. Wanneer Esteban Trueba in een moorddadige bui is en jacht maakt op Pedro Tercero, is Esteban García degene die diens verblijfplaats onthult.

Dit betekent dat Estaban Trueba hem een gunst verschuldigd is, die hij terugbetaalt door hem aan te bevelen voor een militaire academie. Tegen de tijd dat de staatsgreep plaatsvindt, is García kolonel geworden en is hij vastbesloten zijn levensdoel, de familie Trueba te laten lijden, te verwezenlijken. Alba wordt op zijn bevel genomen en hij verkracht en martelt haar persoonlijk.

AMANDA

Amanda is al sinds hun jeugd Nicolás' geliefde. Ze is een slanke vrouw die op het eerste gezicht niet bijzonder fysiek sterk lijkt en een fan is van de geschriften van Sartre. Haar uiterlijk is erg opvallend omdat ze veel oogmake-up draagt en armbanden en kettingen draagt die rinkelen als ze beweegt. Ze lijdt aan chronische depressies en is verslaafd aan drugs, omdat ze gelooft dat die haar leven zin geven. Zij en Nicolás roken allebei hasj en opium als ze samen zijn, maar ze gaan uit elkaar als ze beseft dat ze zwanger is, en ze vraagt Jaime om abortus.

De operatie maakt Amanda erg zwak, en Jaime wijdt zich aan het verzorgen van haar. Ze brengen veel tijd samen door in "het grote huis op de hoek" en groeien erg naar elkaar toe. Zij en haar broer Miguel, die ze praktisch heeft opgevoed, zijn onafscheidelijk. Ze is een aantal jaren vervreemd van de familie Trueba, maar wordt uiteindelijk dankzij Miguel herenigd met Jaime en Alba. Enkele jaren later wordt ze gevangen genomen en gemarteld door het regime, maar ze sterft zonder de identiteit of de verblijfplaats van haar broer te onthullen.

MIGUEL

Terwijl Amanda herstelt van haar abortus, gaat Miguel bij haar wonen in het grote huis op de hoek. Op een dag tijdens zijn verblijf daar is hij getuige van de geboorte van Alba terwijl hij zich verstopt in een kleerkast, en ze worden hopeloos verliefd als ze jaren later tijdens hun tijd aan de universiteit worden herenigd. Miguel is een rechtenstudent met linkse opvattingen die veel radicaler zijn dan die van de andere personages in de roman, omdat hij gelooft dat de enige manier om de conservatieven te bestrijden een bloedige revolutie is.

Wanneer de staatsgreep wordt gepleegd, sluit Miguel zich aan bij de dissidente guerrillastrijders, wat hem scheidt van Alba en zijn zus. Alba wordt gearresteerd omdat ze de minnares is van een gezochte guerrillastrijder, en Amanda sterft om hem te beschermen.

TRÁNSITO SOTO

De verteller herinnert de lezer er voortdurend aan dat Tránsito Soto een van de belangrijkste personages in de roman is, maar we begrijpen pas aan het eind van het boek waarom. Tránsito is een prostituee die Esteban Trueba ontmoet in een bordeel bij de hacienda en, ondanks zijn algemene minachting voor prostituees, voelt hij een zekere verbondenheid met haar en geeft haar 50 pesos, met de belofte dat hij er op een dag voor zal zorgen dat zij het met rente terugbetaalt.

Esteban bezoekt haar nog drie keer tijdens zijn 90-jarige leven: twee keer voor plezier, en een laatste keer om haar om een gunst te vragen. Na elk van zijn bezoeken wordt Tránsito machtiger tot ze uiteindelijk de madam wordt van het duurste bordeel van de stad en sterke banden heeft met de militaire junta die het land bestuurt. Op verzoek van Esteban weet ze Alba te bevrijden uit de klauwen van Esteban García en de militaire politie in ruil voor de 50 pesos die hij haar al die jaren geleden had geleend.

ANALYSE

FORMULIER

De genrekwestie: kan het als magisch realisme worden beschouwd?

Het huis met de geesten is altijd beschouwd en gecategoriseerd als een magisch-realistische roman. Deze literaire stroming ontstond in Latijns-Amerika en wordt sterk geassocieerd met de Colombiaanse schrijver Gabriel García Márquez. Het werk van Allende werd sterk beïnvloed door het werk van García Márquez, met name door diens roman *Honderd jaar eenzaamheid* (1967).

One Hundred Years of Solitude en *The House of the Spirits* hebben bijvoorbeeld een zeer vergelijkbare structuur: beide vertellen het verhaal van een rijke, aristocratische familie in een Latijns-Amerikaans land, die te maken heeft met politieke onderdrukking en wier waarden voortdurend worden uitgedaagd en veranderd. Bovendien erven de leden van elke familie persoonlijkheidskenmerken en gewoonten van hun voorouders, en herhaalt de geschiedenis zich door verschillende generaties van de familie in de loop van de roman. Er kunnen ook een aantal meer specifieke vergelijkingen worden getrokken tussen de twee teksten, zoals de vergelijkbare namen en karakterlijnen van Remedios "de Schoonheid" in *Honderd jaar eenzaamheid* en Rosa "de Schone" in *Het huis met de geesten*.

Hoewel het magisch realisme oorspronkelijk was opgevat als een verhaalvorm die specifiek was voor de Latijns-Amerikaanse literatuur en als een expressiemiddel dat zich baseerde op Latijns-Amerikaanse referentiepunten in plaats van een Europees cultureel kader, heeft het uiteindelijk het tegenovergestelde effect gehad en is het een zeer populair cultureel product geworden in de westerse wereld.

Een van de kenmerken van het is de manier waarop reële situaties, die politiek of logisch complex of extreem kunnen zijn, op onrealistische wijze worden gepresenteerd. Hoewel *Het huis met de geesten* een fantastische elementen bevat, gebruikt Allende die op een andere manier dan García Márquez, en bij nadere bestudering van haar werk blijkt dat het misschien niet voldoet aan de conventies van het magisch realisme in strikte zin, maar een evolutie van het genre vormt die de dominantie van zijn voorganger uitdaagt.

Deze hypothese kan worden gerechtvaardigd door een nauwkeurig onderzoek van de familie Trueba, die in twee groepen kan worden onderverdeeld: de materialisten en de idealisten. Esteban is de centrale figuur van de eerste groep, die bestaat uit pragmatische individuen die vooral geïnteresseerd zijn in reële zaken zoals rijkdom en financiën, het sociale landschap van het continent en de politieke situatie van de natie. Hoewel de leden van de tweede groep, met Clara als boegbeeld, in letterlijke zin in dezelfde wereld leven als de eerste, brengen zij in figuurlijke zin meer tijd door abstracte, parallelle wereld, bevolkt door geesten en spoken, waarin de kracht van de geest volstaat om tastbare objecten te verplaatsen en waarin verleden, heden en toekomst onlosmakelijk met elkaar zijn verbonden.

Deze twee soorten Trueba's leven in harmonie samen en zijn perfect bewust van het bestaan van de wereld van de andere groep. Deze dualiteit kan worden geïnterpreteerd als commentaar op het genre van het magisch realisme zelf, aangezien de opkomst ervan ertoe heeft geleid dat Latijns-Amerika door buitenstaanders wordt gezien als een exotisch land van magie, bovennatuurlijke krachten en onbegrijpelijke mystiek, in tegenstelling tot de opvatting van het continent zelf dat zijn bevolking bestaat uit pragmatische individuen die zich bekommeren om sociale kwesties en de specifieke kenmerken van hun politieke situatie, en voortdurend met elkaar in conflict zijn.

Structuur, taal en stijl

Hoewel Allende en García Márquez elk hun eigen kenmerkende schrijfstijl hebben, zijn er ook duidelijke vergelijkingen te trekken tussen de vertelstructuren van *Het huis met de geesten* en *Honderd jaar eenzaamheid*. Beide romans volgen verschillende generaties van de geschiedenis van een bepaalde familie aan de hand van een niet-lineaire tijdslijn die sterk afwijkt van de structuur van meer conventionele romans. In feite gebruiken ze allebei wat je zou kunnen omschrijven als een cyclische tijdlijn, die zich op een cirkelvormige manier voortbeweegt, een tijdje chronologisch vooruit, om vervolgens terug te en dezelfde periode te bestrijken als in eerdere delen van de roman.

Deze structuur is vrijwel identiek in beide boeken, die heen en weer springen in de tijd, maar alleen wanneer deze sprongen vanuit het perspectief van de betrokken personages als logisch kunnen worden beschouwd. Alles wordt even duidelijk voor de lezer in de epiloog van de roman, die wordt verteld door Alba, die onthult dat ze dit verhaal heeft geschreven met de dagboeken van haar grootmoeder als haar primaire bronnen. Tegelijkertijd legt Alba uit dat haar grootmoeder haar dagboeken ordende "volgens de gebeurtenissen en niet in chronologische volgorde" (p. 491). Evenzo wordt vaak vermeld dat wanneer Clara in een van haar helderziende trances komt, zij tegelijkertijd in het verleden, het heden en de toekomst lijkt te leven. Dit wordt weerspiegeld in de vertelstructuur, waarin de lezer voortdurend wordt herinnerd aan gebeurtenissen uit het verleden, die een permanente schaduw werpen over het heden. In plaats van nieuwe personages te introduceren in termen van wie ze zijn wanneer ze het verhaal binnenkomen, worden ze beschreven op basis van wat ze uiteindelijk worden en de rol die ze uiteindelijk in het verhaal spelen, en het verhaal springt voortdurend vooruit naar scènes die pas enkele pagina's of hoofdstukken later opnieuw aan bod komen.

Het is te bedenken dat de roman wordt gepresenteerd als een gereconstrueerd verhaal en een soort memoires, verteld door twee personen die beiden gebeurtenissen uit het verleden beschrijven. Deze verteltrant maakt het mogelijk om tijdsprongen te maken en acties uit het verleden te beoordelen in termen van de gevolgen die ze enkele jaren later zullen hebben.

THEMA'S

Een interessant kenmerk van *Het huis met de geesten* is de manier waarop veel van de centrale thema's worden geïntroduceerd en verkend door middel van paren. Er is gezegd dat het belangrijkste verschil tussen literatuur en geschiedenis is dat, terwijl de geschiedenis gaat over geïsoleerde handelingen en daden die worden naverteld als individuele anekdotes, de literatuur specifieke handelingen en daden gebruikt om universele menselijke waarheden te bespreken. Het narratieve kader van *Het huis met de geesten* gebruikt de relaties tussen paren om dit idee weer te geven, en hetzelfde lot overkomt vaak verschillende personages met vergelijkbare persoonlijkheidskenmerken. Net als in *Honderd jaar eenzaamheid* erven de personages hun persoonlijkheid en zwakheden van hun voorouders, en de daden van één personage zijn vaak een metafoor voor de situatie van het hele land of zelfs het hele continent.

Latijns-Amerikaanse politiek: de systematische onderdrukking van de ander

De politiek, en meer bepaald de wrijving tussen twee ideologische uitersten, is ongetwijfeld een van de belangrijkste thema's van de roman. Een van deze uitersten is de conservatieve, rechtse gedachte die wordt vertegenwoordigd door een machtige oligarchie op zowel het platteland als in de stad en door Esteban Trueba, de patriarch, binnen de familie zelf. Het andere uiterste bestaat uit verschillende progressieve, linkse ideologieën die meestal op het marxisme zijn gebaseerd, variërend van het socialisme van Jaime Trueba, dat wordt gekenmerkt door een toewijding en solidariteit die aan christelijke waarden doen denken, tot het radicale communisme van Miguel. Deze spanning was een van de bepalende kenmerken van een specifieke periode in de Latijns-Amerikaanse geschiedenis, en was het resultaat van een wijdverbreid politiek engagement van de bevolking in reactie op de lange periode dat conservatieve regeringen aan de macht waren geweest.

Deze politieke conflicten zijn echter geworteld in iets dat veel dieper gaat dan tegengestelde ideologieën, namelijk de eeuwenoude kwesties van bloed, traditie en aan wie het land toebehoort. In het hele boek en op het continent zelf is dit eindeloze politieke conflict een product van een cultuur waarin bepaalde groepen door andere worden onderworpen en waarin geweld de norm is. Toen de landen van Latijns-Amerika onafhankelijk werden, leverde de belofte van hervormingen niets op behalve een overdracht van de macht: in plaats van het land opnieuw op te bouwen en te revolutioneren, veranderde alleen de hand die de zweep vasthield. In feite werden de systematische ongelijkheden versterkt en verfijnd door de oligarchieën die na de onafhankelijkheid aan de macht kwamen, wat leidde tot bitterheid en woede die bleven broeien tot ze uitmondden in bloedige represailles en wraakaanvallen aan beide kanten, waardoor een cyclus van haat ontstond die in de roman wordt weerspiegeld. Haat roept haat op en geweld roept geweld op, en de vastberadenheid van de mensheid om zich daaraan vast te klampen zorgt ervoor dat hun macht na verloop van tijd nooit verdwijnt.

Een duidelijk voorbeeld van dit thema zijn Alba's laatste gedachten als de roman ten einde loopt:

> *"Het zou voor mij heel moeilijk zijn om al diegenen te wreken die gewroken moeten worden, omdat mijn wraak slechts een ander deel zou zijn van dezelfde onverbiddelijke rite. Ik moet die verschrikkelijke keten doorbreken. Ik wil denken dat mijn taak het leven is en dat mijn missie niet is om de haat te verlengen, maar eenvoudigweg om deze bladzijden te vullen terwijl ik wacht op Miguel, […] terwijl ik wacht op betere tijden, terwijl*

ik dit kind in mijn schoot draag, de dochter van zoveel verkrachtingen of misschien van Miguel, maar bovenal mijn eigen dochter." (pp. 490-491)

Familie en waarden

De familie Trueba is een perfect voorbeeld van de manier waarop de roman koppels gebruikt om de belangrijkste thema's te verkennen. De familie is een microkosmos van de natie zelf: haar ruzies, haar hiërarchie en de spanning tussen de verschillende ideologieën van haar leden zijn een levend van de exacte moeilijkheden die het land en het continent op dat moment ondervonden. Het thema van de morele waarden en de spanningen die door de historische context ontstonden tussen verschillende waarden, spelen dan ook een belangrijke rol in de roman. Er is voortdurend wrijving tussen de reactionaire opvattingen van Esteban, de familievader, en zijn kinderen en huurders, vooral vanwege zijn hardnekkige verzet tegen elke vorm van progressieve, egalitaire politiek. Esteban verdedigt zijn overtuigingen bovendien liever met geweld dan met dialoog.

Zo vertegenwoordigt Esteban het conservatisme van de Latijns-Amerikaanse oligarchieën, die zo ijverig hun eigen waarden, macht en grondbezit verdedigden dat zij het in rook opgaan van de rest van het land als een beter alternatief zagen dan het geringste beetje verandering toe te laten. Esteban verstoot zijn kinderen, slaat zijn vrouw en scheldt zijn arbeiders uit, waarmee hij zich aansluit bij het militaire regime, dat zo fanatiek was in het verdedigen van zijn waarden – die meer leken op die van de koloniale bezetters dan op die van de Republiek die hen ten val bracht – dat zijn leden er de voorkeur aan gaven het presidentiële paleis op zijn grondvesten te vernietigen dan het te laten bezetten door een marxist.

Feminisme

In een van haar werken bespreekt de Franse feministe Hélène Cixous (geboren in 1937) de inherente biseksualiteit van vrouwen, een theorie die uitgaat van het bestaan van een deel van het vrouwelijke bewustzijn waarin beide seksen naast elkaar bestaan. Volgens Cixous kunnen vrouwen zich daardoor gemakkelijk aanpassen aan veranderingen, hun eigen begrip van zichzelf voortdurend bijstellen, in de schoenen van de ander stappen en verder kijken dan zichzelf en hun eigen zorgen. Een typische man daarentegen zal een constante behoefte voelen om zichzelf te bewijzen en zijn mannelijkheid te doen gelden om zijn greep op de macht te versterken en zijn viriliteit op te voeren. Dit narcistische proces reduceert de man echter tot zijn meest primitieve vorm en beperkt hem tot de meest voorspelbare gedragingen en handelingen.

Allende verwijst heel duidelijk naar dit proces in *Het huis met de geesten*: terwijl de pogingen van de mannelijke personages om hun mannelijkheid te doen gelden, haat en onderdrukking voortbrengen, doen de vrouwen precies het tegenovergestelde. Aan de ene kant is Esteban het perfecte voorbeeld van een man wiens obsessie om zijn positie als machtigste, macho man te handhaven en als de politieke "verlosser" van zijn land en zijn "traditionele" waarden hem ertoe brengt alles wat hij heeft – zowel zijn land als zijn familie – te vernietigen. Esteban is het product van het koloniale verleden van zijn land, en de vertegenwoordiger en vervanger van de kolonisator in het heden. De Trueba-vrouwen daarentegen rechtvaardigen het geweld niet, maar proberen het een halt toe te roepen door zich los te maken van de ketenen van het verleden en alternatieve wegen te openen voor de toekomst. Deze vrouwen zijn de enige personages die werkelijk in staat zijn tot verandering en transformatie.

Vrouwen in de roman hebben de neiging om in stilte te rebelleren. Nadat Esteban bijvoorbeeld Clara heeft geslagen, spreekt ze nooit meer met hem zolang ze leeft. Zij en haar kleindochter Alba zijn echter de enigen die in staat zijn de mannen die hen onrecht hebben aangedaan te vergeven in plaats van de cyclus van haat in stand te houden. Alba is in staat de situatie objectief te bekijken en de geweldsspiraal die daardoor is ontstaan te doorzien: Esteban Trueba verkrachtte een van zijn huurders, en de kleinzoon die het uiteindelijke product was van deze daad van geweld besloot jaren later Estebans kleindochter te verkrachten als een soort wraak. Alba is echter in staat om de verschrikkingen waarmee ze is geconfronteerd te boven te komen en zich door innerlijke reflectie en rebellie te maken van dit verhaal.

Liefde

Het thema liefde is in de literatuur door de eeuwen heen op talloze manieren verkend. Het was de inspiratie voor enkele van de mooiste sonnetten van Shakespeare, maar tegenwoordig wordt liefde vaak gezien als alledaags of vulgair, en intellectuelen hebben de neiging het te veel te analyseren en mijden. Maar liefde is iets dat ons allen bindt, want iedereen voelt het minstens één keer in zijn leven voor iets of iemand.

Als gevolg daarvan wordt de liefde vaak vereenvoudigd en bij voorbaat verworpen. Soap opera's en films hebben de meest complexe emotie die we kunnen voelen gereduceerd tot een formule voor een onrealistisch ideaal, waarbij vrijwel elke romantische komedie hetzelfde platgetreden pad volgt van een stel dat op het eerste gezicht verliefd wordt, een korte tijd samen is, en dan uit elkaar wordt gerukt door een melodramatische crisis of misverstand die ze vervolgens overwinnen om nog lang en gelukkig te leven. Liefde is echter veel complexer dan dat, en *The House of the Spirits* verkent verschillende van de meer ingewikkelde nuances ervan.

In de roman is de liefde vaak gebaseerd op tegenstrijdigheden, met als voorbeeld Férula's intense liefde voor Clara, hoewel zij ook sterke religieuze overtuigingen heeft, die traditioneel als onverenigbaar met lesbisch verlangen worden beschouwd. Ondertussen houdt Esteban Trueba meer van zijn vrouw dan wat dan ook ter wereld, maar uiteindelijk is zelfs dat niet genoeg om haar te vrijwaren van zijn gewelddadige woedeaanvallen. Andere personages worden gekweld door de liefde, zoals Jaime, wiens liefde voor Amanda en de immense pijn die hem dat bezorgt, nooit genoeg is om hem ertoe aan te zetten zijn gevoelens in daden om te zetten. Ten slotte verkent de roman ook het concept van liefde die eerder een idee is dan een persoon, belichaamd door Miguel, die besluit zich bij de guerrilla aan te sluiten in plaats van met Alba weg te lopen om samen een leven op te bouwen, waarmee hij de ideologie waarvan hij houdt verkiest boven de vrouw van wie hij houdt.

In het algemeen vermijdt de roman de liefde als een singulier voor te stellen, en verkent in plaats daarvan alle mogelijkheden, complexiteiten en eigenaardigheden ervan, met inbegrip van de nuances die films en tv-programma's liever generaliseren en negeren. Hun formulaïsche opvatting van liefde, die uitgaat van een perfecte band die in een oogwenk wordt gevormd, zonder rekening te houden met de sociale, culturele en historische context waarin de personages leven, en die volledig losstaat van de werkelijkheid door de manier waarop zij schaamteloos lijkt te verkondigen dat niets de ene persoon anders maakt dan de andere, is volledig afwezig in *Het huis met de geesten*.

VERDERE REFLECTIE

ENKELE VRAGEN OM OVER NA TE DENKEN...

- Een van de belangrijkste punten van kritiek op het werk van Isabel Allende is dat het "licht" en publiekslievend is. Bent u het eens met deze beoordeling? Welke aspecten van *Het huis met de geesten* ondersteunen of spreken dit argument tegen?

- *Het huis met de geesten* wordt vaak geclassificeerd als een magisch-realistische roman. Tot welke andere literaire genres zou het kunnen worden gerekend?

- Hoewel vrouwen zeker een belangrijke rol spelen in de roman en sterke, onafhankelijke personages zijn, denkt u dat de roman als een volledig feministisch werk kan worden beschouwd? Welke gebreken vertonen de vrouwelijke personages in vergelijking met hun mannelijke tegenhangers?

- Aangezien deze roman meer dan 30 jaar geleden is geschreven, hoe kan de manier waarop vrouwen worden geportretteerd worden vergeleken met de manier waarop vrouwen tegenwoordig in fictie worden afgebeeld? Denk aan een recente roman, film of tv-serie en vergelijk de vrouwelijke personages met die in *Het huis met de geesten*.

- Het personage van Pedro Tercero is geïnterpreteerd als een heruitvoering van het leven van Victor Jara. Welke andere personages in *Het huis met de geesten* vertonen overeenkomsten met historische figuren?

- *Het huis met de geesten wordt* voortdurend vergeleken met *Honderd jaar eenzaamheid*. Kunt u andere vergelijkbare romans bedenken?

- De roman geeft een grimmige illustratie van het rigide klassensysteem in Latijns-Amerika, waarin mensen hun hele leven gevangen zitten in de sociale klasse waarin ze geboren zijn. Denkt u dat dit nog steeds het geval is? Welke sociale en politieke factoren houden dit systeem in stand? Zijn dat dezelfde factoren als die in de roman worden onderzocht?

- De politieke ideologieën die in de roman worden onderzocht zijn een weerspiegeling van het politieke klimaat in Latijns-Amerika in die tijd, dat werd verscheurd tussen verschillende ideologieën gebaseerd op marxisme en rechts conservatisme. Hoe zijn de politieke dynamiek en het klimaat in Latijns-Amerika sindsdien veranderd?

- In de roman stelt Clara Trueba dat liefdadigheid meer een manier is om je eigen geweten te zuiveren dan een echte daad van vriendelijkheid. Wat vindt u hiervan? Wat is volgens jou een echte daad van vriendelijkheid?

VERDER LEZEN

REFERENTIE-UITGAVE

Allende, I. (1986) *The House of the Spirits*. Trans. Bogin, M. Londen: Black Swan.

REFERENTIESTUDIES

Boschetto, S. M. (1989) Dialéctica metatextual y sexual en *La casa de los espíritus* de Isabel Allende. *Hispania* 72(3), pp. 526-532.

Godoy R., C. G. (2008) La casa de los espíritus: *familia, nación y clases.* [Online]. [Geraadpleegd op 7 maart 2018]. Beschikbaar via: <https://pendientedemigracion.ucm.es/info/especulo/numero38/casaespi.html>

Meyer, D. (1990) "Het ouderschap van de tekst: Vrouwelijke creativiteit en dialogische relaties in Isabel Allende's *La casa de los espíritus*. *Hispania*. 73(2), pp. 360-365.

AANPASSINGEN

The House of the Spirits. (2009) [Play]. Svich, Caridad en Zayas. New York: Repertorio Español.

The House of the Spirits. (1993) [Film]. Bille August. Dir. USA en Duitsland: Miramax Films en Neue Constain Film.

*We horen graag van jou! Laat
een reactie achter op jouw online bibliotheek
en deel je favoriete boeken op social media!*

Waarom kiezen voor Must Read?

Kom alles te weten over een boek met onze beknopte en diepgaande samenvattingen en analyses!

Ontdek het beste uit de literatuur in een compleet nieuw licht!

www.50minutes.com

De uitgever garandeert de betrouwbaarheid van de gepubliceerde informatie, die echter niet onder zijn verantwoordelijkheid valt.

© 50minutes.com, 2023. Alle rechten voorbehouden.

www.50minutes.com

Master ISBN: 9782808688239
Papier ISBN: 9782808699631
Wettelijk depot: D/2023/12603/1243

Omslag: © Primento

Digitaal ontwerp: Primento, de digitale partner van uitgevers.